AF441734

نشأ محمد في المعادي بمصر،

ناضل مِن أجل الحقيقة والمساواة منذ صغره،

غادر بلاده سيرًا على الأقدام للوصول إلى أوروبا.

رجل كريم، ومثقف، ورائع، ومفكِّر لامع.

عاش في المغرب في النِّصف الثاني مِن حياته حيث كرس وقته لكتابة الشعر حتى وفاته.

الإهداء

أهدي قصائد زوجي الرَّاحل محمد القاضي لابنه محمد وأتباعه تيلي وهانسي. أتمنَّى أن تُذكر دائمًا موهبتُه وحكمته.

روزماري القاضي

محمد القاضي

أمواج عينيكِ

AUSTIN MACAULEY PUBLISHERS™
LONDON • CAMBRIDGE • NEW YORK • SHARJAH

الرقم الدولي الموحد للكتاب 9789948765257 (غلاف ورقي)
الرقم الدولي الموحد للكتاب 9789948765240 (كتاب إلكتروني)

رقم الطلب: MC-10-01-0780649
التصنيف العمري: E

تم تصنيف وتحديد الفئة العمرية التي تلائم محتوى الكتب وفقًا لنظام التصنيف العمري الصادر وزارة الثقافة والشباب.

الطبعة الأولى: 2024
أوستن ماكولي للنشر م. م. ح
مدينة الشارقة للنشر
صندوق بريد [519201]
الشارقة، الإمارات العربية المتحدة
www.austinmacauley.ae
+971 655 95 202

1- 11/26 أمواج عينيكِ

اكذبي ما شئت لا أنهاكي	كيف والصدق ماج عيناكي
أو يعرف طريق شفاكي	فإيَّاكي تصدقي أقول إيَّاكي
لَم أقُل أبدًا كفاكي	فأنا هو ملك يداكي
لست أريد أبدًا سواكي	أو أرضى أيًّا عداكي
قدري أكون يومًا فتاكي	فكيف أهجركي أو أنساكي
قالوا أنت هو الباكي	فلست أخاكي ولا أباكي
ضيفًا غريبًا في ذكراكي	وصوتًا جديدًا في دنياكي
نجمًا ظهر في سماكي	وإنما القديم فمن أدراكي
هو الإخلاص وأكون قداكي	أو لقلبي سواه رضاكي
عهد الهوى ومسراه مسراكي	وهوى النفس في مداكي
نفسي هي ملك يمناكي	أو أرمو سوى هناكي
فمن رآكي أسير هواكي	ورب يومًا أكون فتاكي
عساكي يومًا تئوبي عساكي	وعساي يومًا أكون مرساكي
لا تحرمي العين رؤياكي	فهاكي عيني والشوق هاكي
تشدوا الرياض وما أحلاكي	وترمي الدوام أيًّا رماكي

2- 11/27 (من الرباط)

من الـرباط ولـكل الـوفاق   مـن الـرباط وحـتى الـعـراق

أو حــــتـها الــواق واق   تـحياتي لـهـم مع الأشواق

لـكل مـؤمـن طيـب الأعـراق   سـنِّـيًّـا أم شيـعيَّ الوفاق

والمـسيحي على نفس السياق   أما الـيهودي فعـلى قدم وساق

لا فــــرق ولا فــــراق   لا فـــرق عـلـى الإطــلاق

مـن الـرباط وكـلِّي اشتياق   فـأنـا في الـحـب سباق

أهـدي حـبِّـي بـلا نـفاق   فـالحب دين وله اعتـناق

ضـد الـخـلـع وضـد الطـلاق   عكس الكره وعكس الشـقاق

هـو الـبـلـسـم هـو الـتريـاق   دون خـــوف ولا إمـــلاق

هـو المـحبـة وكـل اتـفـاق   هـو الأمـانـة في الأعـنـاق

مـن الـرباط والـشـعـر البـراق   والـحـيـاة دونـه لا تـطـاق

أمـانـة التجـار في الأسـواق   وحتَّه الـعـشـق لدى العشَّـاق

فـالأمـانـة في كـل سـبـاق   وكــذا فـي أي ارتــزاق

في الـزواج وفي الـصـداق   دون ظـلـم ولا إرهـــاق

محبـة مـن السـمـاء تـراق   وكـفى يـا ربي الدم المراق

3- 11/28 (قفة أونطة)

عولموه وقبل ما تعلموه … دروكوه وبلاش تسيبوه

فهموه الفولة ودردحوه … ولو صيح يا ناس لموه

أو بحبح كلام سكتوه … اشرحوله العولمة وودكوه

فطموه يا خلق هوه … قولوا الحقيقة وفنطوه

قولوا دي عولمة وخوفوه … ويبقى أحسن ترعبوه وحبة أونطة

صحوه أحسن ما تنيموه … فوقوه أحسن ما تخدروه

نجدوه ياهو ونجروه … مش تشخطوا فيه وتسدوه

عاملين نفسيكوا بتحبوه … وأيوه يا جدعان قولوا أيوه

ما هو بكده تكونوا بتخموه … وبمده تكونوا غرقتوه

قفة أونطة وأكلتوه … أعمى في زحمة وليه تلوموه وحته أونطة

قولوا ده رعب وانصحوه … قول له يا عمه وإنت يا أبوه

قولوا جدوده قبله باعوه … وأبوه وعمه أمركوه

عولموه هوه وأخته وأخوه … وكله على كله والكل خانوه

قولوا الحقيقة ونبهوه … وبكده تكونوا ربيتوه

أحسن ما العولمة يبهدلوه … ولو ما فهمش يا ناس يا كلوه وبق أونطة

4- 2006/12/14 (يمكن هوه) أغنية

كـل مـرة تـقـولي ده هـوه

وتـقـول آه وكمـان مـن جوه

وتـخـلـيـنـي أحـبـه

وبـكـل قـوة

وفي الآخر يطلـع مـش هـوه

اللـى هـوه

أعـمـل إيـه

في اسمه الـحـب

ده كل مـرة قـلـبـي يطـب

وكلـه معايا فيـه اندب

وأديني في طابور ضحايا الحب

ولـسـه بـستـنى اللـى هـوه

مـالـوش تـعـلـيـم

ولا كـتـاب دسـتـور

مـالـوش دوا

ولا لـيـه دكـتـور

وأنـا قـلـبـي

ولا الـعـصـفـور

يطـيـر ويـحـط

واديه بيدور ولسه بستنى اللى هو

وإمتا يا قلبي نقـول

هـوه يا هـوه واللـى هـوه

ومـش جـايـز يطلـع هـوه

ده أنـا مـا عـدش في مـروه

ولـسـه بـسـتـنـى اللي هـوه

5 -2/2 (ما تنسا شي) أغنية

زهـقـت استـنـى	مـش عـارفـة إيـه
ولا عـارفـه حـتـى	عـايـزة إيـه
عـايـزة حـد	مـنـه علـيـه
حد يمسـك أيـدي	فـي اديـه
ويقوللي مكتوب فيها إيـه	مـا تقـول مكتـوب إيـه
يـا اللـي قطعـت	السـمكـة وديلهـا
ده إلـى اصطـاد	السـمكـة يشيلهـا
روح بـس يـا واد	وقـابلـهـا
ده إلـى عـايـز	حوريـة يجيلهـا
ويخـش البحـر	مش يغازلها ويا ويلها من الحب يا ويلها
أمـان يـا قلبـي	وحتـه أمـان
ده قلبي استنى	زمـان وزمـان
يـا تـرى إنـس	ولا ده جـان
يعـد الحـب	فـي الـرمـان
وكل نجمـة	وليها عنوان وأنا وأنت وكان ياما كان

6 -2/12 (عالطبطاب) أغنية

حـــاطط ريـــحـــه   إنـمــا كـــذاب

كـــذاب وكـــمان   واد دحـــلاب

كـتـكـــوت وبـــدقن   وطـرب كـبـاب

كـــذاب ولـــو تـقـــول   كـتـب كـتـاب

عـولـمـونا يا نـاس   على الـرأس والـعـين

هـنـقـــول ماشـي   وحـتى أمـين

بـس يـروح   غـراب الـبـين

سـنـيـن وسـنـيـن   والـقـلـب حـزيـن

والـحـــب يـا حـبـــي   امـتا وفـين

لـفـيـت ودرت   يا قـلـبي كـتـير

لا طـالـبـة وزيـر   ولا حـتى مـدير

نـزلـت لـتـحـت   والـسـرفـي بـير

وقـلـت هـطـلـع   ويا أمـيـر

طـلـع البير غويط وكبير   بير مكتوب عليه التفكير

٧- ١/٣ (أحلى هدية) أغنية

خليــك معايــا   وسيــبك منهــم

قاعــد في قلبــي   وغصبــن عنهــم

خدهــا نصيحــة   منــى وسيبهــم

وخلــى الغيــرة   يــا روحي تصيبهــم

دي سيرة الناس دايما عيبهم   واشهــدوا يا بنــاس

مــركب وشايلــه   بــس اتنيــن

لا ثالــث ولا   أي تالتــه يا زيــن

دي كــل عيــن   وليهــا رمشيــن

قلــع ودفه   والشــط منيــن

شاقه البحر وفيها قمرين   واشهــدوا يا نــاس

والــي يقــول   ده هــوه وهيــه

حبــه عليــك   وحبــه عليــه

لا كلــه ليــك   ولا كلــه ليــه

وبكــده السكــة   هتبقــى هنيــة

ده حبك ليه أحلى هدية   واشهد يا بحر واشهدي يا حورية

8- 3/3 (الزيطة) أغنية

بـلاش مـعـايـا

وعـامـلـه دوشـه

بـتـجـري ورايـا

بـانـي بـيـنـي

وأنت فـاكـره

لا يـا روحـي

مـش أي أي

لا رايـح فـيـن

تـجـيـني دوغـري

إنـمـا تـلـفـى

فـاكـراني لـقـمـه

ولا عـشـان

ده مـا فـيـش حـب

وأنـا واحـد

يعني بلاش نون النسوة

حاوريـني يا قطيطه

ولـمـه وزيـطـه

وأنـا زي عـويـطـه

وبـيـنـك حـيـطـه

اللـهـبـة بـسـيـطـة

ده أنـا عـمـه أمـيـن

ولا زي مـيـن

ولا جـاي مـنـيـن

هـنـبـقـه اتنـيـن

هـنـكـون تعـابـيـن

سـهـلـة يا حـلـوة

غـنـيـتـلـك عنـوة

يـجـي بـالـقـوة

مـن إلـى هـوه

هنبقي ألصطه بره وجوه

9- 4/25 (ليه والبيه)

طـــاف الـــهــــوى	والأنـــام نـيـــام
يـغـــطــون سيـــرًا	والـعـــمــر أيـــام
فـرغــم الـضـجـيـج	وهــول الـزحـــام
ورغـــم الـلـــغــط	وحـــشـــو الـكـــلام
هــم نـيـــامًــا	ورب الأنـــام
فـرغـــم الإرغـــام	وقـبـــض الـنـظـــام
ورغـــم رهـــط	الـزعـــماء الـعـظـــام
ودجـــل كـــل	تـلـــكـــها الأفـــلام
تـهـيـــم الـعـيـــون	أضـغـــاث أحـــلام
أحـــلام الـيـــمــام	وســلام الـحـــمـام
يـحـلـمـون الـعـرائـــس	والـحـــور الـكـــرام
يـحـلـمـون بـالـحـب	وآهـــات الـغـــرام
يـقـولـون الـحـــال	وعـلـــى مـــا يـــرام
وتـمـــام افـنـــدم	افـنـــدم تـمـــام
فـــالـــهـــم الـمـــال	ولـــو كـــان الـحـرام

10 -1/5 (رتم النهي)

مثـلـي يـا هـذي ولا أسـر	بـأي حـرب لـي الـنـصـر
فذاك الـهـوى ولا فـخـر	ناهـيـكي الصبر ولا كبر
لا وجـده لـي ولا ظـهـر	لا يـوم ولا شـهـر
أنا الشـهـر أنا الـبـحـر	أنا الخيـال أنا الـفـكـر
فكـل شعـرولـه أمـر	أو يطـلـسم لـه سحـر
أو تظنـي تأسـري الـعـطـر	فأنـا الأريـج لا الـزهـر
لا قـبـض ولا قـهـر	لا سـعـر ولا مـهـر
أهـيـم الـربـي سرًّا وجـهـر	ومهـما أعـملـتي في الغـدر
أو أمعنـتي نـهي الـهـجـر	أو غـزلـتي نـسجـه المكـر
فكـل غـيـث ولـه قـطـر	وأنت الـتي فلـكي الـعـذر
أعـطـيت الـحنـا ولا شكـر	هجرتي الأيك والصبر دهر
مضـى الـعـمـر ولا ضـر	أو بـيـدي أي جـمـر
لست قيسًـا ولا صخـر	لـست زيـدًا ولا عـمـر
وإنـمـا الـغـريب ولا ذكـر	أو الـوحيـد ولا جـبـر
إن كنتي نسـرًا فأنا الـصـقـر	فالـتـسع وقبل أي عـشـر

11- 5/18 (درب الجواهر)

سهران يا قلبي ودايما مسافر	وإلي يسال أقول مهاجر
أنا فاكرك ولا أنت فاكر	وعند الحبيب ليلاتي طاير
سايبني وحي والفكر حاير	عاملي فيها واد مغامر
والي يشوفني يقول ده شاطر	يقرى شعري ويقول ده شاعر
وأنا بقيت نساير نساير	بس بكتب وأدق المزاهر
قالوا شاعر قلت صابر	ومش كل شاعر تقولوا ساحر
قلبي عنده إرسال مباشر	هو يحكي وأقوله حاضر
بس واقف ورا الستاير	وأنا إلى بالشعر ظاهر
بس واقف ورا الستاير	وأنا إلى بالشعر ظاهر
سايبني وحدى عمال أعافر	وهوه إلى بشعري آمر
قالوا ساحر قلت شاكر	ده كل شعري يا ناس مشاعر
لا أنا ساحر ولا أنا ماكر	لا أنا داعر ولا أنا فاجر
قاعد في حالي والعمر طاهر	سنين واديني واخد لي ساتر
بقول يا رب يا رب ساتر	لا حد فاهم ولا حد عاذر
معايا الغزال وعاملي خاطر	وكل نجم عمال يشاور
فاكرين السبع وحش كاسر	بس عندي الأسود جواهر

12 -20/5/2007 (تمر هان)

ألـماظ زمـرد وفـص يـاقـوت   ده قوت القلـوب أحلـى يـاقـوت

جـوز وفـرد ولا الـكـتـكـوت   أشـتات يـا نـاس وكمان أشـتوت

تـعـظـيـم سـلام إرسـال وسـكـوت   مُـلك وصـاحـبـه لـيـه ملكـوت

ده كـل زمـان ولـيـه نـورهان   عـود ريـحـان والفـل أهـو بـان

وآدي الـغـزال وعـيـونه غـزلاء   وقولـوا معـايـا كمـان وكمان

كـان يـا مـا كـان وحتـى الآن   تمـرحـنـة عـلى بـارفـان

وبـص شـوف إيـمـي يـا سـلام   وخمـسة يا عيني وخمسة نظام

قـصـة حـب ولا الـسـانجـام   حـاجـة يـا فـلـة ولا الأحـلام

صـحـيـح ده الـحـب مـن أيـام   بـس شـايـفـها ولا الأعـوام

وابـن الـوز ضـروري عـوام

13 -30/5/2007 (نجوى الفراش)

أمخضت فيك أعالي البحارا   وسألت عنك كل بحارا

جبت الموانئ وقصدت المنارا   ونقبت عنك رهطعا الأشعارا

قالوك شاعرًا وفارسًا مغوارا   قالوك ساحرا مطلسم الأسرارا

لك البحارا وسرك العشتارا   خبيء الأصداف وخلف الستارا

لا تراك هنا الأنظارا   والكل فيك تائها محتارا

ظننتك شيخًا فتمنطقت الإزارا   وطلبت أن أنال الجوارا

قالوك الخيال وبنات أفكارًا   قالوك الموج كذا التيارا

قالتها العجوز إنه الجبارا   هولًا لا يرحم يمينًا يسارًا

اعمدي يا ابنتي طريق الفرارا   فذاك الذي كله الأخطارا

هو الجوى وعيناه الشرارا   وبسم الشفاه كيه الأنوارا

اهربي يا ابنتي واتخذي القرارا   لا تعندي واهجري الإصرارا

فكم قبلك ذاقوا المرارا   وكم دانت له الأقمارا

وكم حاولت قبلك الإبكارا   فهل ترى سوى الآثارا

لا تقربي تلكها الأسوارا   فهو ليس له دارا

هو الأماني والكل انتظارا   هو السراب والعطشى كثارا

14 -2007/6/6 (إقامة جبرية)

الجــدران والـقـضـبـان	وضـــيـــق الـمـكــان
الـجـدران والـقـضـبـان	وطـــول الـــزمـــان
حـوصــرت بـسـجـن	بـــلا ســجــان
فـدون إقـامــة	لـــســت إنـســان
فـدون إقـامــة	لـــســت بإنـســان
فأمـضـيـت عـشـرين عامًـا	وسـط بـسـتان وأنـا إنـسان
شـكــوت نـعــم	وإنـمــا الـرحـمــن
دار الـــزمـــان	والـمـكــان الـمـكــان
طــال الـزمــان	أم قـصــر سـيـان
فـمــن مـعـه	الله كــســبــان
والله فـوق	كـل سـلـطـان وأنـا إنـسان
قالـــوني سـاحــرًا	ورهـطـي الـجـان
قالــوني طـلـســمًا	والـجـان أعـوان
فـمــن قـبـع	أزمــانًــا وأزمـان
لازمــه الـجــان	وكـان مـا كـان
ضـحـكت فـشـر الـبـلـيـة	هـو الإذعــان وأنـا إنـسان

15 -2007/6/20 (رجف المها)

نظم العشق وقت السحر ... حيث النجم وسحر القمر

حيث الحور اتي وحضر ... منه الإناث ومنه الذكر

رقيق الوداد والجمع انبهر ... فطيف الحبيب تجلى وظهر

نبع الجمال كحيل البصر ... يميل الدلال يسبي النظر

أمير الأماني حلو القدر ... يهدي الأمان فمن شكر

سهم اللحاظ يشق الحجر ... وعين الحسود بها ذعر

تبخر الضجر فلا أثر ... ذاب الجوى واندثر الكدر

ملك شغاف قلوب البشر ... يبث الهوى وبه أمر

فاح عشقًا وبه جهر ... فرقص الصمت وشاع الخبر

يهمس قلب المها انفطر ... فعين الحبيب بها حور

أردى الجمع وما شعر ... ساحر الوصف والسهم خطر

هو السحر ولا هزر ... شدو الكروان فوق الشجر

مسرى الأريج وعبق الزهر ... فمن أتاه بالنهي ظفر

أسكر الجمع وما سكر ... تنزل حبًّا والجد انتشر

عاد وبعد طول السفر يشع السنا فخذوا الحذر ... يشع السنا فخذوا الحذر

21

إنتي حـورية وأنا الصـياد — وبـيـني وبـينك بحـور وبـلاد

ركـبت البـحر وقلـت يـا واد — قـول يـا كـريم والحـب جهـاد

هـوه الـرب والـكل عـبـاد — وسـيبت ورايـا أهلـي بـعـاد

عمـلـت عنـتر وأبـو شـداد — شـقيت البحـر والمـوج عـواد

ودانـي دايـمًـا مـع الأرصـاد — وقـالـوا الـريـح بـالـمرصـاد

نـزلـت قلـعـتي يـدوب بالـكاد — ومـا هـو البحـر محتـاج لعنـاد

قـليـل مـا يـدي حنـان ووداد — وامتـا الـريـح لـيها ميـعاد

رقص المركب كما المعتاد ودخل الموج معايا مزاد — نزلت وبطن البحر سواد وبدل صياد بقيت متصاد

قلـت هلـحـق طابـور أجـداد — ولا حـورية ولا حتـى سعـاد

سـمك البـحر تقـولـش جـراد — وأنـا نـازل والنـفـس عـداد

عـبـيـت مـية ولا البـراد — وقـولـوا معـايا هـيه يـا ولاد

قـالـوا هـيـه وبكـل اجتهـاد — وآدي حـال كـل الأعـياد

صحـيت مفـزوع عـلى الأولاد — عـاوزين فسـحه وأنا السـداد

والسـت واقـفة عـلى الحـياد — وأنـا راقـد عـلى السـجاد

17 -2007/8/21 (لموسًا لموسا)

لا أدري مـا الـغـداة وإنـمـا ... مـاضـي الـزمـان وحـتـما

أغـدو والإنـس حـولـي الـنـوما ... ورهـط الـجـان تدق الطلـسـما

سقفاطيس سقاطيم والصمت خيما ... يـظنـون أنـي والـرب أعـلـما

حـاصروني الـدوام والليل قلـما ... أطرقوني السحر والسحر شرذما

فـوق الـعـقـاب والـبـوم حـوما ... وإنـمـا الـنـجـم عـنـي تـكـلما

يـؤبـون لـيـلًا والـحـلـم ربـما ... يـنـالـون مني لـحـما أو دمنا

يطلبوني الصريع بالدماء مضرغما ... إنـما الـهـيـهـات فأني الـضرغـما

أصـول الـوحـيـد مـهـما وكـيـفـما ... ألـعـق الجراح والأسى الـسـيـما

ألـعـقـها وكل فـجـر بـعـدما ... فليلًا أخـوض الحروب مرغما

أدفـع الـسـلام والخـير مقـدما ... وإنما المعتدي هـو الأجـرما

في الأعـالـي حـورا تـألـما ... وإنـما تتنزل فـقط عندما

هـي الأقـدار والـصـبـر كـلـما ... فـمـن ذا الـذي الـذاك حـرما

يـهـبطون يـومًا ذاك الـسـلـما ... طـهـور بـدعـق بعـد تـأزما

يـأتـون الـذي الـسـلام علـما ... يـأتـون الـذي يـوما ألـهـما

يـأتـون إيـوانـي والـرحـب أكـرما ... يهبطون الخفاف والحديث أعجما

18- 2007/8/22 (تجارب)

أنصحك ألا تفض لهفتها	أو تفض محبس حقيبتها
أنصحك ألا تسأل صديقتها	ولا تصدق أيا قريبتها
لا تطلب أخي بكارتها	ولا تحلم تبلغ كفايتها
فلا نهاية في رغبتها	ولا حدود في نشوتها
لا تسلها عن قصتها	أو تجني لظى غضبتها
كن عزوتها لا رهبتها	كن بسمتها لا شقوتها
كن نصرتها في محنتها	أو تكسب فقط نقمتها
فكل امرأة لها رقتها	وكل أنثى لها رقصتها
كل امرأة لها مهنتها	ومهنة المرأة هي عقدتها
مهنة الكيد أو قوتها	وسهام اللحظ هي سطوتها
وآه لو حملت في نيتها	غلًا والغل في نزعتها
فلا تشعل فتيل ثورتها	أو تصيبك شظى قسوتها
قنبلة موقوتة في رجفتها	وويلًا لك من جفوتها
فأعمد أخي إلى رحمتها	ولا تنبش في غيرتها
فالانتقام جزءًا من شهوتها	فلا تحقق لها فطرتها

19- 2007/8/20 (الكياس)

ربــك بـيــدي كـل الـنــــاس — بيــدي الـقـرداتـي والـنـسـنـاس

نــاس بـيـديهـا الذهب والمـاس — وفـيـــه نــاس بـيـديهـا نـحـاس

بـيــدي الـبـيــه والـكـنـــاس — وما فـيـش حد مـن غـيـرها لبـاس

بــاب الـرزق مــالـوش تـربـاس — ولـو بـأونـطـة وخـضـة طـاس

إلــى رزقـــه فــي الـكــراس — وسـاعـات رزقـه في حـلـقـة راس

إلــى رزقـــه فــي ضـربة فـاس — والــلي رزقه في صبة كاس وخمس

ســاعــات رزقـــه فـي الكـراس — ســاعــات رزقـه فـي حلقة راس

فـيــه الفهلوي وفـيـه المحتـاس — وكــل رجـل وليهـا مـقــاس

فـيــه إلـى يـشـد في الأنـفــاس — وفـيــه إلى رزقــه علــى الأنفاس

وزي مـا قــال أبـو الـنـواس — فـيــه بـــواس وفـيـه كبـاس

ده كل لولي وليه غطاس وحتى اللب — محتاج قرطاس وخمس تخمـاس

وآهــي أرزاق يـا سـي عـبـاس — أرزاق وما فيـش عليهـا حـراس

بـس لـيهـا سـبب وأساس — وكــل واحـد وليـه إحسـاس

بـس مـش زمـزاق حسـاس — أو راكـبـه مـيــت وسـواس

فـيــه وفـيـه وفـيـه فـول آس — وبـاقـى البرتيتـه في الإفلاس

وفـيـه بـدقـن إنـما هـلاس — وفيه وزير إنما مياس وخمس تخماس

20- 20/9/2007 (كلام الليل)

حبني الصبح مش بالليل	ده النهارليه عنين وطويل
لا خلوه ولا تحبيل	لا وكيل ولا توكيل
كفاية تضليل جيل ورا جيل	ده إلى قبلي شافوا الويل
عايزة زميل صديق وخليل	مش عتويل ولا عنتيل
ولا بغل يهد الحيل	ده أنا إنسانة مش فرسه وخيل
لا أنا شروه للي يشيل	ولا إنت وراك الديل
هات وخد والكلام مراسيل	كلمني وقللي والكلام تأويل
حوار وشرح وفهم أصيل	ده احنا مش عمال تراحيل
قاعد ساكت وعامللي تقيل	أو عامللي فيها بخيل
والصح فهمك يوك قليل	وما فيش عندك أي دليل
بلاش تسبسب وتبقى جميل	وعمر اللبس ما هيبقى بديل
لا أنا وكالة ولا كنت سبيل	ولا ينفع معايا تمثيل
عايزة واحد ماله مثيل	مش نسخة وزحمة وسيل
عامللي حاجة وليها فتيل	وليلاتي بس تديها تحويل
وهية دقيقة ما تروي غليل	وأنا اشيل في حمل تقيل

21 -9/30 خايف

شدّيني ومعاكي خديني — ده أنا نضيف وزي الصيني

أنتي فينك وأنا إلى فيني — ده الفرق كبير بينك وبيني

على شمالي ولا يميني — برضه نجمه جوه في عيني

خايف يا دنيا والشوق ماليني — يا ترى هيحصل وتحبيني

طب شاغليني طب صاحبيني — وتحت جناحك يا فله داريني

لقيت ما لقيتش مين يواسيني — ولا واصره يانا تديني

عايزاني أراد لها مش تداريني — عايزاني ألاقيها مش تلاقيني

وأنا عاوز إلى ينجيني — ومحتاج يا ليلى مين يهديني

محتاج لقلب وحنان يحميني — ما هو الموج عمال يعاديني

عايز شد الحب يجيني — مش بيعبروكما يجافيني

لو غلطت يوم سامحيني — ولو زعلت تعالي صالحيني

خذيني يا مينا وأمان غطيني — وجوه البوغاز إياه خبيني

ده أنا وحداني قاتلني حنيني — خدي أيدي وبلا تسيبيني

ما ليش غيرك يناديني — وديني مطرح ما تودّيني

نسيت حزني ويا أنيني — وأضمك في وش كره وأغنيتي

22 -10/1 (ماتحاولش)

الكرب خيبة قالوها وصية وكل ست في الكرب زكية

لعبة الست والكرب أزيد والي الكرابة برضه غبية

ما هو المكياج والرموش صناعية وحشوا السيليكون سرطان بليه

والمستحضرات كلها كيماوية بتهدي الجلروال ضحية

وحتى الشدة بقت شهدية وكله كرب وخيبة قوية

حبوب الجلد من إلى هية على أمر من على حساسي

وكم واحدة في نفس الخيبة! وكم الموت كلها مؤذية!

وقدام المراية ساعات مقضية زي السجن والمراية حرامية

زي ما يكون مقبوض علي وزي ما أكون ما ليش شخصية

موتيكي وباديكير ألوان وردية بس سنية زي عليه

وبعدين الفرجة كمان علينة لا وبلاش وزي هدية

وبقى شوف فستاني عليه ولسه فيه فساتين مرمية

والموضة جديدة وكل شويه لا زم أكع ألف ومية

عذاب في عذاب مية المية ولا أنت داري باللي فية

ده شعري بس لوحده قضية ولسه بتكدب برضه عليا

23 -10/10 (عند الشجرة)

يا ريت زيك فيه اتنين وهجيب زيك بس منين

يا ريت عندي يا ريت عمرين كنت اديك يا روحي قلبين

أو عندي يا ناس جناحين كنت طرت وعرفتك فين

دورت كتير وكلي حنين سألت كتير والكل فين

اللي يقولي كان عالعين وإلى يقول إزاي ومنين وقالولي انسى

سألت عنك سنين وسنين وكل يقولك انسى يا زين

شفت كتير عاملين مساكين إنما جوه ناس تانين

الوش واحد إنما وشين ومن بره بس عاملين حلوين

طالبين أهواك وكمان عاوزين وساعة الجرسي دافعين

فينه وفينك يانن العين ده أنا من غيرك قلب خزين وقالولي انسى

نفسه بس قلبي يلين أو أقول بس أمين

نجوم السما فوقي شاهدين وشمس وقمره كمان عارفين عمرى ملك أيديك الاتنين وأنا

وقلبي فيك دايبين

مافيش حب بين البينين يا ما شمال يا أما يمين

عشجرة إياها فيه حرفين وقلبي وقلبك وكمان سهمين وقالولي انسي

24- 11/11 (الهدايا)

ذهبت أحضر هدايا الرفاء وليس لدي مركب فضاء

سفينتي وفي اليم عرجا فلا ريح ولا هواء

ورغم الطول وجمال البناء ورغم الجواري ورغم الاهاء

شكوت جروحي كلها الأطباء فقالوا جروحي بلا دواء

خيم الصمت ولا أصداء كأنَّ البحر صحراء جرداء

كم دخلت الثغور رحباء ارتدي الأكاليل بكل ميناء

أيا ليل المغار ورايتي البيضاء وأنت جواري نجمة غرار

أقف ومنظارك وعيني السواء أفتش عن راية غبراء سوداء

إنه الأعور والقدم عرجاء رايته الشؤم وتعز الفناء

أخذني وعلى حين غرارها هاجم حصني وأنا في الماء

عيون سفني مدافع رمضاء وسيوف صحبي مشهرة برقاء

ناديتي فحمل الريح النداء فانتفخت قلوعي والغضب جاء

فوق رمحي رأسه النحساء وهبطوا القاع بالسفن جمعاء

تركتك خلفي زهرة عزباء فإذ بكي بقايا عذراء

25 -12/12 (ملامح عصرية)

يا واد بالراحة شـوي عليه وقوللي بس شـوية شـوية

فاكر الدنيا حلوة هنية ولا أنت داري باللي فيا

أنا مش هية بس إلى هي وقلبي معاك مين المية

بس بلاش تعالي يا حبيبي وبلاش تفكر في أي أذية

أنت شـفت كتير قبليه وأنا يا ما شـفت أيه أي والله

اللى ليلي ليل يا عني وأنا برضى ليه اللى ليه

عنيك بتطلع ونارها قوية بس أنا يا روحي شخصية

يعني وعلى بلاطة مطلية المهم عندي هيا إلى اليا

ما ينفعش معايات تجيبلي هدية أو تفكر تلعب بيا

أنا شـربت خقين ولا فاتح قلبي تكسي أي والله

قطع آه إنما بريه حلوة آه إنما وحشية

تصدق ابقي معاك انسيه تكدب هتطلع ليك جنية

وأهم حاجة تديني حرية لا شك ولا غيرة غبيه

بلاش أفكار جدة عطية عشان أنا مش نوبية

دي تالت يا روحي ألفين وانا وانت واديه طعمية

26 -5/1/1 (اللهو جمال)

سلوها الليل وسلو الجمالا سلوها من اردي الدلالا

أو انبع زلال الخيالا فانتشر الحنين وصال وجال

أمست بدر أوكانت هلالًا وبدر البدور غزيز المنالا

سلوها عن شهر النبالا فعيناك هما الدال والذالا

رشقتها ليلًا نبال الوصالا أتخنتها والنظر الحلالا حلالا بلالا

اجتمثت سهلًا بين الجبالا وكم السهول ترمو النزالا

تئن الجوى والشهد سالا تعدو الهوى والبين طالا

فرجف قلبي قيد المحالا وكمن غيرا خلفت أطلالا

قالت حالي ترأجح حالًا وذاك فوق كل احتمالا

تبسمت فمن تشكر القلالا وكم خلف أسواري العزال حلالا بلالا

يرفلون كبر حلوها الأغلالا رجف الهوى وعشر الظلالا

أنا الحادي صعب المنالا وكمن أقمار أفوق الجمالا

تميل اليمين وتئن الشمالا وكم هودج بهمه مالا

أدق القلوب شوقًا عضالًا وفي عشقي الليالي الطوالا

ليالي المني والكلام أمثالا وأنى الشعر رحب المجالا حلالا بلالا

27 -2/2 (الروم)

سبقني رامي وقال يا سلام قال في الحب أحلى كلام

حب ثومة وكم غرام! وياما فيك يا غرام أوهام

قضيت معاه أيام وأيام وباب الخلف ماكنش زحام

كنت صغير بس تمام واكل الكتب اكوام اكوام

لا كان خوميني ولا صدام وسوارس من غير ربط حزام

رامي وعاش في الأحلام وكان شعره ما يعرفش بكام

بس الأغاني في الأفلام وعبد الورد وعمله نظام

رامي على عومة وعام وقالي مافيش حرامي صمام

وقامَ متغير أوام أوام وكنت أسابيع آه والله كام

كان يقوللي الظلم حرام ثومة بتكسب وأنا الخدام

كان بيسلع والروح الزام ما فيش روح ما فيش الها

وطبعا تو إرادتها حصام وهوه رامي والروح قدام

جيبس مليان ودمت ودام وحسن البنا اعدام

لا طال عنب بالكيلو جرام ولا حتى بلح الشام

28 -3/3 (آية الله)

مشتاق إليكم ومنذ العقود مشتاق من الحنا ومنذ الجدود

أيا ليبيا يا أرمن الخلود أيا ليبيا يا أرمن الأسود

انتصرتم حتى على النقود شعب الآباء والكل جنود

جنود الحمى والله موجود فأرسل لكم معمرًا محمود

وطني وعليه الرصد مرصود ويقول والله فقط هنا السجود

أرض هانيبال والماضي يعود وذكراها تور ومصر الحدود

قالها الزعيم ارفعوا الحدود فالحدود ليس لها وجود

صوت الحق والله الودود قال حقًّا وثمن الشهود

هو ألوان وكنز المورود هو القاصر كذا المقصود

وسوف النصر ورغم الحسود وسف العلي ورغم الحقود

ينظر العدا بكل برود وكمن تحمل صراخ القرود

وسوف أشهد لكم معقود أو يكفي الثلة العنقود

فالليبي سعيدا وابن مسعود وسوف نهزم كل نمرود

بإذن الله فهو المعبود ومن عبده سوف يسود

مادام العقيد الهصور يقود أصبحنا ندعى شعب الصمود

29 -3/10 (العظمى لله)

حاصروني بالمغرب عشرون عاما فلم أسأل حتى علاما

حاصرني الجهل فقلت السلاما فمع الجهل نحن الكراما

وكذا نحن مع اللئاما فلا غيظ ولا انتقاما

نكظم الغيظ ونعفو الدواما ونترك الأمر لربِّ الأناما

لمن اسال حتى إلا ما فمن حاصروني أصبحوا عظاما

كانوا فوق الأرض عظاما والان تحتها رمم الخظاما

أراني العزيز فيهم انتقاما ولذا انتقام المرء الحراما

أذاقه الله موتا زؤاما همي لدي وللنار الغراما

سريع الحساب وقبل القياما وإنما الناس تدب النياما

فالمال والبنون لهم غمامًا تعمي العيون فيعم الظلاما

قالوا عني ساحرًا إلزاما ما اصدروا والحكم وجمتم وداما

لا نتبين ولا ابراما لا خلفا ولا اماما

بثوا الأقاويل حولى الغراما واني الصبور فالصبر النظاما

أحاطني اللغط كما الزكاما وكمن تدس الرؤس النعاما

تركت قصري ارموا الخياما فما الأعمار سوى الأيام

30- 3/20 (تحت الزتونة)

مجمد لينا يعني المجد لينا ودار الزمان وادينا جينا

جيتي بس ناسي ماضينا واسمع مش مجد لينا

وحتى لو تكون كاتينا إزاي أتوه من ليالينا

وأين يعني ألفين عرينا فدام الروح معانا تهدينا

واجيتا على الشك رسينا واديني شفتك وياما قاسينا

ياما عملنا وكمان سوينا ياما ضحكنا وياما بكينا

قلنا كتير ومعاكي مشينا وبين الزتون ياما جرينا

جار الزمان زماني علينا ولخبط لينا كمان خطاوينا

ويا ريتني كني يا رين مسيما زايطي شايفو هكال ينادينا

وإلى كان اهو بس فينا ولأنه نكمل إلى بدينا

حماية بيضة ليها حنينيا حبايبنا ومن أهالينا

رفرف جناحها وياها غنينا وادينا سايبيبن ورانا ماضينا

ضمانا يا قلبي الشوق ودارينا وكمان بالغربة يا قلبي رضينا

رسيت مراكبنا على مراسينا وعلى الشط تقابلنا واتهنينا

وادي الحبايب من حوالينا وخمسة يا مجدة في عين أعادينا